I0008413

L'Empire du Silence : TikTok et l'Art de Faire Taire les Voix

KEYVAN AMINI

TikTok – Aperçu de l'entreprise

Nom de l'entreprise : TikTok
Société mère : ByteDance Ltd.
Fondation : 2012, Pékin, Chine
Fondateurs : Zhang Yiming, Liang Rubo
PDG de TikTok : Shou Zi Chew (depuis 2021)
Siège social : Los Angeles, États-Unis & Singapour
Incorporation légale : Îles Caïmans
Chiffre d'affaires (2023) : Environ 120 milliards de dollars
Statut boursier : ByteDance est une entreprise privée; non cotée en bourse
Bureaux mondiaux : New York, Londres, Paris, Berlin, Dubaï, Jakarta, Séoul, Tokyo, Dublin, et plus
Centres de données : Virginie (États-Unis), Singapour, Irlande, Norvège, Thaïlande
Partenaires techniques : Oracle (infrastructure cloud), Shopify, Salesforce, Adobe, Google Tag Manager, et autres
Produits notables : TikTok, Douyin, Toutiao, CapCut, Lark, Lemon8

nnexe spéciale : Cas documentés de suicide et de détresse liés à TikTok

1. France – Familles poursuivant TikTok pour contenu dangereux

En novembre 2024, sept familles françaises ont poursuivi TikTok en justice après le suicide de deux adolescentes de 15 ans. Elles affirment que la plateforme a exposé leurs enfants à des vidéos liées à l'automutilation, au suicide et aux troubles alimentaires via l'algorithme "For You".

 Source :
Reuters – TikTok poursuivi par des familles françaises (2024)

2. États-Unis – Suicide de Chase Nasca (16 ans)

En février 2022, Chase Nasca, un adolescent de 16 ans de New York, s'est suicidé après avoir été inondé de contenus liés au suicide sur TikTok. Sa famille a déposé une plainte contre TikTok et ByteDance, les accusant de négligence dans la conception de l'algorithme.

 Source :
People – La famille de Chase Nasca poursuit TikTok (2023)

3. Malaisie – Suicide de Rajeswary Appahu (2024)

En juillet 2024, Rajeswary Appahu, militante malaisienne des droits humains et personnalité publique sur TikTok, s'est donné la mort après des campagnes massives de harcèlement, y compris des menaces de viol. Sa mort a déclenché une enquête gouvernementale sur la régulation du cyberharcèlement.

 Source :
Wikipedia – Rajeswary Appahu (en)

---

4. Le « Blackout Challenge » – Au moins 20 morts

Ce défi viral sur TikTok incite les jeunes à retenir leur souffle jusqu'à perdre connaissance. Il a entraîné la mort d'au moins 20 enfants en 18 mois selon les ONG et familles concernées.

 Source :
Wikipedia – Blackout Challenge (en)

---

5. Étude sur l'exposition rapide à des contenus toxiques

Une étude de décembre 2022 a révélé que TikTok montre à des adolescents des contenus liés au suicide, à la dépression et aux troubles alimentaires en moins de 3 minutes après la création d'un compte.

Source :
CNN – Teens exposed to harmful content quickly on TikTok (2022)

L'Empire du Silence : TikTok et l'Art de Faire Taire les Voix

KEYVAN AMINI

AVRIL 2025

ISBN : 9798280682542

Rang	Nom	Pseudo	Abonnés	Type de contenu	Fortune estimée
1	Khaby Lame	@khaby.lame	162,5M	Comédie silencieuse	~30M$
2	Charli D'Amelio	@charlidamelio	157,1M	Danse, lifestyle	~45M$
3	MrBeast	@mrbeast	115,2M	Défis, philanthropie	~100M$
4	Bella Poarch	@bellapoarch	93,9M	Lip-sync, musique	~12M$
5	Addison Rae	@addisonre	88,4M	Danse, beauté	~15M$
6	Zach King	@zachking	82,3M	Magie, effets visuels	~3M$
7	The Rock	@therock	80,5M	Fitness, motivation	~800M$
8	Will Smith	@willsmith	79,1M	Comédie, acting	~350M$
9	Kimberly Loaiza	@kimberly.loaiza	78,4M	Musique, lifestyle	~8M$
10	CZN Burak	@cznburak	75,1M	Cuisine, hospitalité	~11M$

Table Of Contents

English Version

Introduction

Le monde numérique dans lequel nous vivons ne cesse d'accroître l'importance des réseaux sociaux dans notre vie quotidienne. Une telle popularité conduit à la création de nouvelles formes de communication, telles que la plateforme TikTok, où des millions d'utilisateurs expriment leurs talents ou transfroment leurs moments de vie en un jeu de quelques secondes. On pourrait donc considérer que TikTok est un moyen agréable et gratuit de se divertir où de nombreux jeunes développent leur potentiel créatif et émotionnel. Ce qui semble être un parfait passe-temps gratuit pour tous les âges peut être à la fois un outil de travail, un moyen de gagner de l'argent et la réalisation même des rêves de jeunesse pour des millions d'utilisateurs.

Pourtant, à quel moment le divertissement du public devient un moyen de manipulation mentale, et qui paie lorsque le travail acharné de plusieurs années est irradiqué en envoyant un message automatisée du système de soutien?

Ce guide comprend de nombreuses questions similaires, et son objectif n'est de détruire ni le public ni l'application. Cet essai révélera au lecteur le côté caché d'une plateforme populaire composée de nombreuses vérités amères cachées et d'expériences non résolues.

Si l'un des lecteurs a ressenti de la tromperie ou la frustration de l'apprentissage du secret du mécanisme de suspension du compte avant de lire ce livret ses pensées, consacrées à une cause perdue. Quiconque a d'abord eu l'occasion de s'intéresser à l'attitude des entreprises modernes cachera probablement ce livret dans sa poche.

Chapitre 1 : De Dubsmash à la dictature algorithmique

Cela a commencé avec deux mots simples : **courtes vidéos.** Mais pas question de vidéos longues et réfléchies, mais de créations spontanées. Sur une plateforme où vous pouvez enregistrer des moments de créativité, les combiner à un morceau de musique – et les partager avec le monde.

En 2016, l'entreprise chinoise ByteDance a lancé Douyin en Chine ; plus tard, la même année, la version internationale, TikTok, a atterri à l'autre bout du monde et est devenue disponible dans d'autres pays.

2018 fut le tournant : ByteDance a acheté Musical.ly – une application bien-aimée par des adolescents aux États-Unis, et nous avons obtenu… TikTok est devenu un phénomène mondial. Les vidéos de danse, le playback, des défis et "l'humour" sont devenus viraux, et des gens simples sont devenus célèbres du jour au lendemain.

Mais ce n'était pas la recette secrète – **c'était un algorithme.** Il a décidé de ce que vous alliez voir – et de ce que vous n'alliez pas, qui allait évoluer et qui ne le ferait pas.

C'était comme si l'on nous donnait un nouvel espace, libre et ouvert – et nous découvrions immédiatement que la seule liberté résidait dans le fait d'être sans défense.

Ce chapitre vous explique tous les secrets de TikTok : **comment il est né, pourquoi il a évolué**, de façon à ce qu'un jeu soit devenu un compromis, un système.

Chapitre 2 : Suppressions soudaines et un support inexistant

Pour un utilisateur de TikTok, il n'y a rien de plus douloureux que d'ouvrir l'application et de se trouver avec ce message : « **Votre compte a été suspendu** ».
Pas d'avertissement, pas d'explication, **pas de retour possible**.

À maintes reprises, nous avons vu des créateurs de contenu – des professionnels et des amateurs – **disparaître de la plateforme sans raison apparente**.
Dans de nombreux cas, des vidéos soigneusement fabriquées et pleines de créativité ont été supprimées avec une justification vague : « **Violation des règles de la communauté** ».
Mais… **quelle règle ? Pourquoi ? Qui décide ?**

C'est là que réside le vrai problème : **TikTok n'est pas responsable**.
Il n'y a aucun e-mail ou numéro de téléphone à contacter, aucune véritable équipe de support – simplement un **formulaire impersonnel** qui, au mieux, vous renverra un message automatique.
Parfois, **même cela n'arrive pas**.

Le **sentiment d'impuissance** face à un système automatisé, **sans visage, sans cœur**, est une réalité pour **des milliards de personnes** à travers le monde.
Tu as l'impression que ta voix **ne compte plus**, même après des heures, voire **des années**, de création de contenu.

Dans ce chapitre, nous allons :

- analyser **des cas réels** de vidéos supprimées sans raison apparente,
- critiquer le **système de support défaillant** de TikTok,
- et explorer comment le **manque de transparence** mine peu à peu la confiance des utilisateurs.

Chapitre 3 : Croissance manipulée, censure silencieuse et trahison des créateurs

Si TikTok a été conçu comme une plateforme pour la créativité et la liberté d'expression, pourquoi agit-elle si souvent à l'inverse ? De nombreux utilisateurs ont constaté une chute soudaine de visibilité, malgré un contenu de qualité et un bon engagement initial. Comme si leurs vidéos entraient dans une « zone d'ombre », appelée **shadowban**— une forme de censure silencieuse où les contenus sont cachés sans avertissement.

Cela signifie que tous les efforts, le temps et la motivation investis sont réduits au silence. Pire encore, certains créateurs ont vu leurs idées originales copiées et réutilisées par d'autres comptes—ou même par la plateforme elle-même—sans aucune mention de la source.

D'autre part, la croissance des abonnés semble souvent manipulée. Certains créateurs gagnent des centaines de followers par jour, puis subitement stagnent. Inversement, d'autres comptes connaissent une croissance anormale, sans effort apparent. Cela montre que TikTok n'est pas seulement un arbitre du jeu, mais aussi un joueur qui change les règles en coulisses.

Personne ne sait vraiment comment fonctionne l'algorithme de TikTok. Mais une chose est sûre : le système est conçu pour garder le contrôle, et les créateurs de contenu ne sont que des pions dans un jeu dont ils ne maîtrisent rien.

Chapitre 4 : Derrière les formulaires – Quand ta plainte n'atteint qu'un robot

L'un des plus grands défauts de TikTok est son système d'assistance et de traitement des réclamations. Imagine que ton contenu soit supprimé sans explication, ou que ton compte soit suspendu soudainement. Que peux-tu faire ? La seule option : remplir un formulaire en ligne basique—sans numéro de dossier, sans suivi, sans garantie qu'un humain le lira un jour.

De nombreux utilisateurs affirment n'avoir reçu aucune réponse après l'envoi du formulaire—ou alors un message automatique hors sujet. Certains ont envoyé ce formulaire des dizaines de fois, sans aucun changement.

Sur TikTok, la responsabilité est une illusion. L'utilisateur se retrouve face à un système dont on ne sait même pas s'il est réellement géré par des humains. Il n'existe aucun support réel, et l'utilisateur reste seul et perdu.

C'est non seulement frustrant, mais aussi dangereux. Car il n'y a aucun contrôle clair sur les décisions de TikTok, ni de processus d'appel équitable. Résultat ? Des milliers de personnes supprimées injustement, sans voix ni justice.

Dans ce chapitre, nous examinons les expériences des utilisateurs face au système de plainte de TikTok, ses réponses automatisées, et cette vérité amère : parfois, les plus grandes plateformes donnent le moins de valeur à leurs utilisateurs.

Chapitre 5 : Témoignages des utilisateurs –
Suppression, censure et injustice

Ce chapitre donne la parole à ceux qu'on entend rarement.
Des créateurs qui ont investi amour, temps et énergie dans
leur contenu, pour tout perdre sans explication.

Mahshid, militante environnementale à Tehran
Mahshid réalisait des vidéos sur la pollution et la sécheresse
de la rivière Zayandeh Rood. Soudain, ses vidéos sont
supprimées. TikTok a affirmé que le contenu était «
politiquement sensible ». Pourtant, elle ne parlait que de
nature.

Cette expérience lui a donné un sentiment de censure. Elle
s'est éloignée de la plateforme depuis.

Chapitre 5 : Témoignages – Et si tu ne comprenais jamais pourquoi tu as été banni ?

Et si tu avais investi ton énergie et ta créativité dans ton contenu, et que soudainement—sans avertissement—tout disparaissait ?

Témoignage 1 : Ton compte peut-il vraiment disparaître du jour au lendemain ?

Tu gagnes des abonnés, tes vidéos deviennent virales, puis un jour... tout a disparu. Un message flou : « Violation des règles communautaires. »

Tu envoies des plaintes, tu remplis des formulaires, mais tu ne reçois que des réponses automatiques.

La justice existe-t-elle vraiment sur cette plateforme ?

Témoignage 2 : Parler de nature est-il devenu un sujet sensible ?

Tu crées du contenu sur l'environnement—des faits simples, rien de politique. Puis tes vidéos sont supprimées. Motif ? « Contenu sensible. »

TikTok soutient-il vraiment la liberté d'expression ? Ou seulement lorsqu'elle sert ses propres intérêts ?

Chapitre 6 : TikTok et l'argent – Revenu réel ou promesse vide ?

T'es-tu déjà demandé combien de personnes gagnent vraiment de l'argent avec TikTok ? Pas les grandes stars avec des contrats sponsorisés—mais les utilisateurs ordinaires, comme toi et moi, qui veulent simplement être récompensés pour leur travail.

Le Creator Fund de TikTok donne l'impression que tout le monde peut monétiser son contenu. Mais comment cela fonctionne-t-il réellement ? Est-ce transparent ? Accessible à tous ? Et surtout : est-ce équitable ?

Beaucoup rapportent que, malgré des millions de vues, leurs gains étaient ridiculement bas. Parfois, seulement quelques dollars pour des millions de vues. Dans certaines régions, la monétisation n'est même pas disponible. Et parfois, des comptes ont été suspendus juste après avoir demandé un retrait—sans aucune explication.

Alors on se demande : TikTok soutient-il vraiment les créateurs ? Ou se contente-t-il de profiter d'un contenu gratuit tout en donnant le moins possible en retour ?

Chapitre 7 : Que peux-tu faire ? Protéger ton contenu et sortir de la dépendance à TikTok

Si TikTok t'a déçu—par des bannissements, de la censure, des revenus faibles ou un silence total quand tu avais besoin d'aide—sache qu'il existe d'autres voies. TikTok est peut-être grand, mais ce n'est pas tout Internet. Tu peux reprendre le contrôle de ton contenu et trouver une vraie reconnaissance ailleurs.

Que peux-tu faire concrètement ?

1. Sauvegarde toujours ton contenu.
Ne dépends jamais d'une seule plateforme. Garde tes vidéos sur un cloud ou un disque dur, sois toujours prêt.

2. Sois présent sur plusieurs plateformes.
YouTube, Instagram, Threads, Telegram, ou même ton propre site web. Élargis ta présence pour réduire les risques.

3. Crée une communauté réelle, pas juste des abonnés.
Interagis avec ton public. Le vrai lien, c'est ce qui reste quand l'algorithme ne t'aide plus.

4. Apprends tes droits numériques.
Sache comment protéger tes œuvres, les revendiquer, et prendre des mesures si besoin. La connaissance, c'est le pouvoir.

5.Ne te limite pas à des chiffres.
Les vues et les likes sont importants, mais ta vraie valeur est dans l'impact que tu as sur les gens—notre monde a besoin de ta voix.

Chapitre 8 : L'algorithme de TikTok – Un outil de croissance ou de contrôle ?

Si tu pensais que le contenu de ta page *Pour Toi* était choisi au hasard ou uniquement basé sur tes goûts, détrompe-toi.

TikTok affirme que son algorithme est intelligent, qu'il s'adapte à tes interactions (likes, durée de visionnage, partages, pauses). Mais que cache-t-il réellement ?

1. Tout commence avec tes données
TikTok ne se contente pas de voir ce que tu regardes. Il enregistre combien de temps tu restes sur une vidéo, où tu fais pause, comment tu scrolles… Ces micro-comportements créent un *profil comportemental* de toi—sans que tu en sois conscient.

2. Un algorithme qui décide qui peut grandir
Certaines vidéos deviennent virales en quelques minutes. D'autres restent invisibles. Pourquoi ?
Est-ce à cause d'un mauvais engagement ? Ou l'algorithme a-t-il simplement décidé que ton contenu ne doit pas être montré ? Personne ne sait vraiment, et cela rend les créateurs dépendants de règles invisibles.

3. Une censure silencieuse par shadowban
Au lieu de censurer ouvertement, TikTok enterre parfois les contenus par le *shadowban*. Cette sanction invisible pousse à la confusion, au découragement, puis à l'abandon—sans explication.

4. Un filtre politique ou culturel ?
Dans certains pays, des rapports indiquent que TikTok limite la visibilité de contenus jugés sensibles (politiquement ou socialement).

TikTok est-il vraiment une application neutre ? Ou un outil qui influence ce que tu penses et consommes ?

Chapitre 9 : La chute silencieuse des applications indépendantes – Comment TikTok nuit aux développeurs

Dans un monde où de nouvelles applications naissent chaque jour, imagine une petite équipe travaillant pendant des mois, voire des années, sur une app innovante ou éducative. Et soudain, elle doit rivaliser avec une plateforme qui diffuse des vidéos flashy et addictives en quelques secondes. La question est : **reste-t-il encore une chance de se faire voir ?**

1. Le contenu rapide remplace l'engagement profond
TikTok a imposé une culture de consommation de contenu rapide et superficielle. Les utilisateurs n'ont plus la patience de s'engager avec des apps qui demandent réflexion ou interaction réelle. Résultat : les applications sérieuses ont du mal à croître ou même à survivre.

2. Un jeu biaisé : géants contre débutants
TikTok dispose de budgets énormes, d'équipes marketing puissantes et d'un algorithme très ciblé. Les développeurs indépendants, eux, avancent avec peu de moyens. Même avec une idée brillante, ils n'ont souvent aucune chance.

3. Les stores favorisent les géants
Google Play et l'App Store mettent en avant les applications les plus téléchargées. TikTok domine déjà cet espace, ce qui rend encore plus difficile la découverte des petites apps.

4. Conséquence :la mort lente de l'innovation indépendante
Cette culture de consommation rapide tue peu à peu l'intérêt pour les expériences numériques profondes. Cela mène à l'échec de projets innovants, à l'épuisement des

développeurs, et à la disparition silencieuse d'outils créatifs et utiles.

Chapitre 10 : Objectifs cachés – TikTok n'est pas qu'un divertissement

TikTok semble simple et amusant : des vidéos courtes, des défis de danse, de l'humour, du fun. Mais en grattant un peu la surface, on découvre quelque chose de plus profond, plus structuré. La vraie question est : **TikTok a-t-il été créé uniquement pour divertir, ou sert-il aussi à collecter des données, influencer la culture, et étendre un pouvoir politique ?**

1. Collecte de données – bien plus qu'on le pense
TikTok ne se contente pas de suivre ce que tu regardes. Il accède à ta caméra, ton micro, ta géolocalisation, tes habitudes d'utilisation, et même tes gestes sur l'écran. Cela permet de créer un *profil comportemental* très précis—l'un des biens numériques les plus précieux aujourd'hui.

2. Influence culturelle ciblée ?
L'algorithme de TikTok varie selon les pays. Dans certains, le contenu éducatif est mis en avant. Dans d'autres, ce sont les vidéos légères ou superficielles qui dominent. Est-ce vraiment neutre ? Ou une forme de *manipulation culturelle douce* ?

3. Un outil de distraction... ou de contrôle ?
TikTok est conçu pour être addictif. Il vole le temps peu à peu. Si des milliards de personnes passent des heures à scroller du contenu creux, qui en profite ? Est-ce une simple coïncidence, ou une stratégie globale pour désengager les esprits ?

4. Contrôle de la pensée collective ?
Lors de certaines manifestations ou crises politiques, des contenus ont été invisibilisés ou supprimés. Cela montre que

TikTok ne se limite pas à divertir—il **décide aussi de ce que tu vois… ou pas**.

TikTok met en avant son Creator Fund comme un moyen pour les créateurs de monétiser leur contenu. Mais en réalité, le système semble conçu **pour éviter de payer.**

1. L'algorithme freine discrètement les vidéos virales
Lorsqu'une vidéo commence à bien fonctionner, l'algorithme peut volontairement en limiter la portée. Cela empêche une viralité totale, réduisant ainsi les paiements.

2. Une exposition contrôlée via des "bulles de spectateurs"
Les vidéos sont d'abord montrées à un petit groupe. Même si elles fonctionnent bien, leur diffusion reste souvent limitée. Cela semble délibéré pour garder le contrôle des coûts.

3. Un RPM flou et variable
Les créateurs signalent des revenus très bas et incohérents, parfois à peine \$0,01 pour 1 000 vues. Sans indice clair, il est impossible de vérifier ce qu'on leur doit.

1. Une relation inverse entre vues élevées et revenus
De nombreux utilisateurs remarquent que plus une vidéo est vue, moins elle rapporte par vue. Un paradoxe qui soulève des doutes sur la transparence du système.

2. L'algorithme distingue l'engagement du potentiel de paiement
TikTok privilégie les vidéos qui retiennent l'utilisateur, mais pas forcément celles qui rapportent. Les contenus monétisés sont souvent moins mis en avant.

3. Changement de comportement lors des retraits

Des créateurs affirment que leurs performances chutent après avoir tenté de retirer leur argent—comme si le système identifiait et punissait les comptes qui demandent paiement.

1. Une économie centrée sur la plateforme

TikTok gagne énormément via les publicités et les données. Payer les créateurs est vu comme une charge. Le système est donc conçu pour **donner le moins possible.**

2. Une dépendance stratégique des créateurs

En offrant de la visibilité sans revenu, TikTok garde les créateurs actifs et accros, sans qu'ils ne deviennent autonomes financièrement.

3. Une classe moyenne numérique affaiblie

Le modèle de TikTok freine l'ascension des petits créateurs, réduisant leur capacité à monétiser et consolidant le pouvoir entre les mains de quelques-uns.

1. Système de distribution en deux phases

TikTok utilise un système de distribution en deux étapes :

- **Phase 1 (Groupe test) :** La vidéo est montrée à un petit groupe. Si l'engagement est bon, elle peut passer à l'étape suivante.
- **Phase 2 (Filtrage viral) :** Avant de devenir virale, la vidéo est filtrée selon son potentiel de monétisation, les règles de contenu et l'historique du compte.

Les vidéos à fort potentiel de revenus sont souvent volontairement ralenties.

2. Shadowban logiciel (couche de suppression comportementale)

TikTok utilise des systèmes de reconnaissance de motifs pour détecter :

- Les tentatives de retrait d'argent
- L'adhésion au Creator Fund
- La croissance rapide des abonnés

Cela déclenche un **shadowban adaptatif**, qui inclut :

- Moins d'apparition chez les abonnés
- Suppression de la page Pour Toi
- Chute artificielle de l'interaction

La vidéo reste visible, mais en réalité, personne ne la voit.

3. RPM dynamique – Un système intelligent pour limiter les paiements

Le RPM (revenu par mille vues) varie selon :

- Le type de contenu
- La région de l'utilisateur
- Le taux de clics, la durée de visionnage
- Le score de fiabilité du compte

Exemple :

- Une vidéo éducative en Europe peut rapporter 0,08 $
- La même vidéo au Moyen-Orient peut ne rapporter que 0,01 $ ou moins

Cela permet à TikTok de limiter les paiements de manière contrôlée.

4. Le piège de la motivation fausse – Produire sans récompense

L'algorithme utilise des **récompenses légères mais addictives** :

- Une vidéo marche → le créateur est motivé
- Les suivantes sont étouffées
- Il essaie de reproduire le succès → l'algorithme garde le contrôle

Résultat ? **Production massive de contenu, retour financier minimal.**

Analyse technique : restrictions algorithmiques de contenu

Section 1 : Logique de diffusion – Comment TikTok gère la portée des vidéos

```
rust
CopierModifier
DÉBUT
  |
  V
Téléchargement d'une vidéo
  |
  V
Diffusion initiale (100 à 1000 vues)
  |
  +---> Faible engagement ? -----> Suppression
  |
  V
Engagement satisfaisant
  |
  V
Évaluation du risque de revenu
  |
  +---> Trop de revenu prévu ? --> Réduction de
la portée
  |
  V
Contrôle des violations de politique
  |
  +---> Contenu problématique ? --> Shadowban
  |
  V
Évaluation de la fiabilité du compte
  |
  +---> Score bas ? ------------> Limitation de
portée
  |
  V
Diffusion contrôlée
```

```
  |
  V
Surveillance du revenu
  |
  +---> Revenu trop élevé ? ----> Baisse du RPM
  |
  V
FIN
```

Section 2 : Pseudocode – Comportement de l'algorithme

```python
CopierModifier
def évaluer_video(video):
    engagement = mesurer_engagement(video)

    if engagement < seuil:
        return "Supprimée"

    revenu = prédire_revenu(video)

    if revenu > maximum:
        réduire_portée(video)

    if vérifier_violations(video):
        return shadowban(video)

    if fiabilité_compte(video.auteur) < minimum:
        return "Portée limitée"

    if admissible_au_boost(video):
        booster(video)

    if revenu > plafond:
        réduire_rpm(video)

    return "Continuer diffusion"
```

Section 3 : Exemple Python de simulation

```python
CopierModifier
class VideoTikTok:
    def __init__(self, engagement, fiabilité,
monétisée):
        self.engagement = engagement
        self.fiabilité = fiabilité
        self.monétisée = monétisée
        self.vues = 0
        self.statut = "Normal"
        self.rpm = 0.05

    def évaluer(self):
        if self.engagement < 0.2:
            self.statut = "Supprimée"
        elif self.monétisée and self.engagement
> 0.6:
            self.statut = "Réduite"
            self.vues *= 0.3
        elif self.fiabilité < 0.5:
            self.statut = "Shadowban"
            self.vues *= 0.2
        else:
            self.statut = "Boostée"
            self.vues *= random.uniform(1.2,
1.8)

        self.calculer_revenu()

    def calculer_revenu(self):
        if self.statut in ["Supprimée",
"Shadowban"]:
            self.rpm *= 0.5
        elif self.statut == "Réduite":
            self.rpm *= 0.6

        print(f"RPM final : ${self.rpm:.4f}")
        print(f"Statut de la vidéo :
{self.statut}")
```

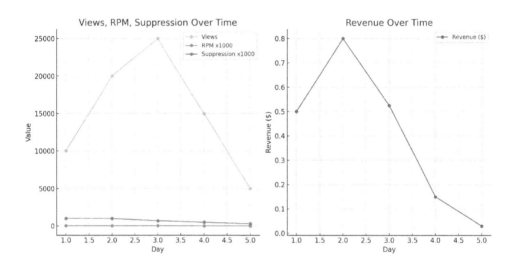

Analyse de modèle de revenu et série temporelle

Variables :

- `t` : temps (jours)
- `V(t)` : nombre de vues au jour `t`
- `RPM(t)` : revenu pour 1 000 vues
- `S(t)` : facteur de suppression
- `R(t)` : revenu au jour `t`

Formule :

```java
CopierModifier
R(t) = V(t) × RPM(t) × S(t) / 1000
```

Simulation :

Jour	Vues	RPM ($)	Suppression	Revenu
1	10,000	0.05	1.0	$0.50
2	20,000	0.04	1.0	$0.80
3	25,000	0.03	0.7	$0.525
4	15,000	0.02	0.5	$0.15
5	5,000	0.02	0.3	$0.03

Revenu total : **$2.005** pour 75 000 vues.

30-Day Content Revenue Simulation
Désormais interactif !

Day	Views_Edu	Revenue_Edu	Views_Ent
1	11490.142459033697	0.6894085475420217	11991.466938853016
2	9585.207096486445	0.5593566703906339	24261.39092254469
3	11943.065614302077	0.6775935909001842	14932.51387631033
4	14569.089569224076	0.8032990617844805	9711.445355220498
5	9297.539875829993	0.49799436650497914	19112.724560515944

Extension du Chapitre 12 : Les intentions cachées de TikTok – Expérience psychologique ou arme culturelle ?

1. Un laboratoire comportemental mondial ?

TikTok n'est pas qu'une application de divertissement. C'est un **immense laboratoire comportemental** qui analyse les réactions, les habitudes et les émotions de millions d'utilisateurs.

- L'algorithme n'est pas juste un outil, c'est un **mécanisme d'expérimentation sur le comportement humain.**
- Il mesure l'addiction, la tolérance à la frustration, la réponse aux récompenses ou à la censure.
- Ces données servent à bien plus que de simples revenus publicitaires : elles permettent une **modélisation psychologique collective.**

Ce système semble conçu pour surveiller, modéliser, puis influencer les comportements humains.

2. Une ingénierie culturelle douce – Vers une pensée formatée

Quel type de contenu devient viral sur TikTok ?

- Des vidéos rapides, superficielles, addictives
- Des challenges répétitifs, des tendances vides
- Une esthétique basée sur la consommation et l'image

Cela crée un **nouveau paradigme culturel** :
Moins de concentration, pensée superficielle, dépendance à la dopamine, perte d'esprit critique.

Est-ce un hasard ? Ou une stratégie visant à affaiblir les capacités cognitives profondes ?

De plus en plus d'analystes estiment que TikTok ne libère pas la créativité des jeunes, mais les rend **plus faciles à distraire, manipuler, et contrôler.**

3. Au service de qui ?

TikTok appartient à **ByteDance**, une entreprise chinoise. Cela soulève plusieurs inquiétudes :

- Serait-ce un outil de **collecte de données psychologiques et culturelles** à l'échelle mondiale ?
- Peut-il être utilisé pour **orienter les récits**, censurer discrètement ou **influencer le comportement collectif** en période de crise ?

Des gouvernements ont exprimé publiquement leurs craintes que TikTok soit bien plus qu'une application de divertissement : peut-être un **vecteur stratégique de soft power.**

Conclusion : TikTok n'est pas inoffensif – C'est un système d'influence douce

TikTok agit comme :

- Une **machine publicitaire comportementale**,
- Conçue pour captiver, formater et rendre prévisible,
- Sous couvert de "fun" et de contenus courts.

Vérité cachée : Pourquoi les créateurs sont ignorés et les dérives encouragées

1. Les artistes et les éducateurs – rendus invisibles par conception

Les créateurs qui proposent :

- De l'art fait main
- Des leçons éducatives
- Des connaissances publiques ou culturelles

Se retrouvent souvent avec peu de vues, un faible engagement ou une visibilité nulle. Pourquoi ?

Parce que ce type de contenu :

- Demande de l'attention et de la réflexion
- N'est pas "addictif" au sens de TikTok
- N'encourage pas le scroll rapide et vide

TikTok ne récompense pas la profondeur—il récompense **le contenu dopaminergique.**

2. Le contenu toxique est promu

Ce qui est mis en avant :

- La polémique, la provocation, le corps exposé
- Les défis extrêmes, les vidéos choquantes
- Ce qui déclenche des réactions émotionnelles rapides

Ce type de contenu :

- Augmente le temps d'écran

- Stimule les réactions impulsives
- Crée une dépendance douce mais efficace

Ainsi, l'algorithme **valorise le vide plus que la valeur.**

3. Deux algorithmes, deux mondes – un pour la Chine, un pour les autres

Des preuves croissantes montrent que TikTok utilise **deux algorithmes différents** :

A) En Chine (Douyin) :

- Contenu éducatif, scientifique et discipliné est mis en avant
- Temps d'écran limité pour les enfants
- Les tendances nuisibles sont interdites
- Les valeurs positives sont promues

B) À l'international :

- Contenu léger, sexualisé ou extrême en priorité
- Le savoir est peu diffusé
- L'indignation et la distraction sont encouragées

Pourquoi protéger sa propre jeunesse, tout en exposant le reste du monde à un chaos culturel ?

Chapitre final : TikTok – Le visage souriant du contrôle silencieux

Tout au long de ce livre, nous avons dévoilé les couches invisibles de TikTok — une plateforme qui danse, amuse, attire… et distrait. Mais derrière cette façade joyeuse se cache une machine parfaitement structurée de **collecte de données, manipulation comportementale, injustice économique et ingénierie culturelle.**

Ce qui semble être un simple divertissement est en réalité :

- Un **laboratoire d'expérimentation humaine**
- Un **outil de censure douce et de guidage mental**
- Un système qui **exploite les créateurs mais récompense les dérives**
- Et une **plateforme à double algorithme** — une pour éduquer chez elle, et une pour distraire ailleurs

Avec quoi avons-nous vraiment affaire ?

- Un algorithme qui enterre la vraie créativité
- Un système qui dévalorise l'éducation et la réflexion
- Une culture qui célèbre la superficialité et punit la profondeur
- Une plateforme qui protège sa jeunesse, mais exporte la distraction

Que faire ?

- **La conscience est la première arme.**
  Comprendre pourquoi nous sommes ignorés ou censurés, c'est déjà résister.

- **Continuer à créer, mais ne pas rester dépendant.**
  Les plateformes passent, mais la vérité reste.
- **Construire une résistance numérique.**
  Apprendre aux jeunes que les vues ne font pas la valeur.

TikTok n'est pas juste une application.

Ce livre ne parle pas que d'une app.
Il parle d'un monde qui change — où l'on peut choisir entre **l'invisibilité** ou **la reconquête de sa voix.**

Nous avons écrit, dénoncé, analysé.
Maintenant, c'est à toi de choisir :
Consommer ou s'éveiller.

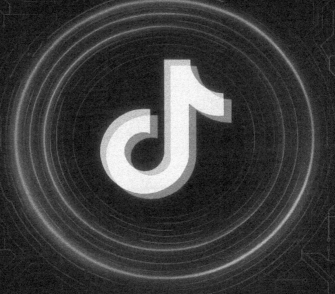

ENGLISH VERSION

Introduction

In a world where social media has become an inseparable part of our daily lives, platforms like TikTok have quickly risen to global fame. A space where millions of users from across the globe share their creativity and emotions through short videos. But beneath this appeal, there is another reality—one that many prefer not to talk about.

For many, TikTok is not just a tool for entertainment, but a way to be seen, to earn money, or even to build a better future. But what happens when this very platform, without explanation or transparency, suddenly shuts down user accounts, deletes videos, or restricts the organic growth of followers? When does entertainment turn into psychological manipulation? And who is held accountable when years of effort are dismissed with a simple "support form"?

This booklet was born from these very questions. Not to destroy, but to inform. Not to judge, but to expose. Real experiences, untold truths, and a search for answers that many have quietly ignored.

If you're one of those who have tasted frustration, injustice, or even betrayal on this platform, know that you're not alone. This is written for you.

Chapter One: From Dubsmash to Algorithmic Dictatorship

It all began with a simple idea: to create a platform where users could record short videos, mix them with music, and share creative moments. In 2016, the Chinese company **ByteDance** launched **Douyin** in China. A little later, the international version, **TikTok**, entered global markets and quickly won over millions.

In 2018, ByteDance acquired **Musical.ly**, a popular app among American teens. The merger made TikTok a global phenomenon. Dance videos, lip-syncs, challenges, and comedy content went viral, and ordinary people suddenly found themselves on the path to fame.

But behind this dazzling success, something remained hidden: **an unknown algorithm pulling all the strings**. An algorithm deciding which video gets seen, which stays in the dark, and which users grow—or get removed. Users believed they were in an open, democratic space, but soon realized the real power lay elsewhere.

In this chapter, we'll look at how TikTok was created, why it grew so fast, and how it evolved from a fun app to a complex and unpredictable system.

Chapter 2: Sudden Deletions & Support That Doesn't Exist

For a TikTok user, nothing is more painful than opening the app only to be greeted with a message: *"Your account has been suspended."* No warning, no explanation, and no way back.

Over and over again, we've seen content creators—both professional and amateur—suddenly removed from the platform for unknown reasons. In many cases, videos crafted with care and creativity were deleted, with the vague justification: "Community guidelines violation." But which rule? Why? And who made that decision?

The biggest issue is this: **TikTok is not accountable.** There is no real email, phone number, or human support team to talk to. The only communication tool is a basic contact form. At best, you receive an automatic reply. Sometimes, you don't even get that.

The feeling of helplessness against a faceless, emotionless, automated system is something thousands of users around the world have experienced. It feels as though your voice doesn't matter—even after hours or years of dedicated content creation.

In this chapter, we review real-life cases of sudden bans, criticize the ineffective support system, and expose how the lack of transparency is eroding user trust.

Chapter 3: Manipulated Growth, Silent Censorship, and the Betrayal of Creators

If TikTok was built as a platform for creativity and freedom of expression, then why does it so often act in contradiction? Many users have experienced a sudden drop in visibility despite high-quality content and early engagement. It's as if their content is pushed into a "shadow," known among users as **shadowban**—a silent punishment where your videos are hidden from others without any warning.

This means your effort, time, and motivation are quietly buried. Worse yet, some users have reported seeing their original ideas and trends stolen by larger accounts—or even the platform itself—without credit or recognition.

On the other hand, follower growth often appears to be manipulated. Creators who were gaining hundreds of followers a day suddenly experience stagnation. Meanwhile, some accounts grow at suspicious speeds with minimal effort. This suggests that TikTok is not just the referee of the game—it is also playing on the field, quietly changing the rules.

No one truly understands how TikTok's algorithm works. But what is clear is this: the system is designed to keep the upper hand, and content creators are left as mere pawns in a game they don't control.

Chapter 4: Behind the Forms — When Your Complaint Reaches Only a Bot

One of TikTok's biggest weaknesses is its support and complaint resolution system. Imagine your content is suddenly deleted, or your account is suspended without explanation. What can you do? The only option is to fill out a basic online form—one with no tracking number, no case ID, and no assurance that anyone will ever read it.

Many users say they received no reply at all after submitting the form—or worse, they received an irrelevant auto-generated response. Some reported submitting the form dozens of times with no change or progress.

On TikTok, accountability is an illusion. The user is facing a system where it's unclear if there is even a human on the other side. There is no real support, and users are left alone and confused.

This isn't just frustrating—it's dangerous. Because there's no clear oversight over TikTok's decisions, and no fair appeal process. The result? Thousands of people unjustly removed, with no voice and no justice.

In this chapter, we explore user experiences with TikTok's complaint system, its robotic responses, and the bitter truth that sometimes, the biggest platforms treat their users as the smallest priority.

Chapter 5: User Stories – Deletion, Censorship, and Injustice

This chapter is the voice of those often ignored. Creators who poured love, time, and energy into their content, only to have it all wiped away without warning.

Mahshid, an environmental activist from Tehran
Mahshid created content about pollution and the drying Zayandeh Rood river. Suddenly, her videos were taken down. TikTok claimed the content was "politically sensitive." But Sara was simply speaking about nature.

The experience left her feeling silenced. She has since distanced herself from the platform.

Chapter 5: User Stories – What If You Don't Know Why You Were Banned?

What if you poured your time and energy into creative content, and suddenly—without warning—it's all gone?

Story 1: Can your entire account disappear overnight?
Imagine gaining followers, seeing your videos go viral, and then one day logging in to find everything wiped. A vague message appears: "Community Guidelines Violation."
You appeal, send in forms, but receive nothing but auto-responses.
Is there any justice on a platform where no one listens?

Story 2: Is talking about nature now considered too sensitive?
You make videos about the environment—simple facts, no politics. Then your content disappears. The reason? "Sensitive content."
Does TikTok really support freedom of expression? Or only when it fits its own interests?

Chapter 6: TikTok and Money – Real Income or Just an Empty Promise?

Have you ever wondered how many people truly make money from TikTok? Not the mega influencers with brand deals—but everyday users like you and me, trying to earn something for the effort they put in.

TikTok's Creator Fund makes it seem like anyone can earn money through their content. But how does it really work? Is it transparent? Is it accessible to all? And most importantly: is it fair?

Many users report that even with high view counts, their earnings were shockingly low. Sometimes, millions of views brought only a few dollars. In some regions, monetization isn't available at all. And in some cases, accounts were suspended right after requesting payouts—with no explanation.

So we ask: Is TikTok truly a platform that supports creators? Or is it simply profiting from free content while giving back as little as possible?

Chapter 7: What Can You Do? Protecting Your Content and Breaking Free from TikTok Dependency

If TikTok has left you frustrated—through bans, censorship, poor monetization, or silence when you needed answers—it's time to realize there are still options. TikTok may be big, but it isn't the whole internet. You can take back control of your content, expand your reach, and find real value elsewhere.

What actions can you take?

1. Always back up your content.
Never rely solely on one platform. Save your videos, use cloud storage, and keep a personal archive.

2. Diversify your presence.
YouTube, Instagram, Threads, Telegram—even your own website. Spread your work. If one platform fails you, others won't.

3. Build real community, not just followers.
Engage, respond, and connect. Your true audience follows you—not just because of an algorithm, but because of who you are.

4. Learn your digital rights.
Know how to protect your work, assert ownership, and seek legal options if needed. Awareness is power.

5. Know your value beyond the numbers.
Followers, views, likes—they matter. But the real impact lies in the lives you touch, not just in your stats.

Chapter 8: The TikTok Algorithm – A Tool for Growth or Control?

If you've ever thought the content on your *For You* page was just randomly chosen or purely based on your interests, think again.

TikTok claims its algorithm is smart, adapting to user interactions (likes, watch time, shares, even pauses). But what lies beneath?

1. It all starts with your data
TikTok doesn't just track what you watch—it monitors how long you watch it, where you pause, how fast you swipe, and more. These micro-behaviors build a "behavioral profile" of you—one that you don't even know exists.

2. An algorithm that decides who gets to grow
Some videos go viral in minutes. Others disappear silently. Why?
Is it poor engagement—or has the algorithm decided that your content just shouldn't be seen? No one outside TikTok knows, and that means creators are at the mercy of invisible rules.

3. Silent censorship through shadowbanning
Rather than overt censorship, TikTok often buries unwanted content through *shadowbanning*. This quiet punishment causes confusion, discouragement, and eventually drives creators away—without them ever knowing why.

4. A political or cultural filter?
Reports in some countries suggest TikTok limits visibility of content that is politically or socially sensitive.

So, is TikTok a neutral entertainment app—or a tool that shapes what you think and see?

Chapter 9: The Silent Fall of Indie Apps – How TikTok Is Hurting Independent Developers

In a world where new apps emerge daily, imagine a small team spending months—or even years—creating an innovative or educational application. Now, they must compete with a platform that delivers flashy, addictive content in mere seconds. The question is: **Is there any space left to be seen?**

1. Fast content replaces deep engagement
TikTok has shaped a culture of ultra-fast, surface-level content consumption. Users are less willing to spend time on thoughtful apps or meaningful interaction. As a result, apps that require attention or deeper user involvement struggle to grow or even survive.

2. A rigged game: giants vs. newcomers
TikTok has massive budgets, marketing teams, and a powerful algorithm. Independent developers, on the other hand, often work with minimal resources. No matter how creative or useful their product, they rarely stand a chance.

3. App stores favor the big players
Google Play and the App Store promote apps based on download volume. Since TikTok dominates that space, it stays on top, making it even harder for smaller apps to be discovered.

4. The result? A slow death of indie innovation
This fast-consumption culture is killing user interest in deep, meaningful experiences. It leads to the failure of good ideas, burnout among developers, and the silent disappearance of creative, purpose-driven digital tools.

Chapter 10: Hidden Agendas – TikTok Is Not Just Entertainment

TikTok appears simple and fun: short videos, dance challenges, humor, entertainment. But under the surface, something deeper and more complex is at play. The real question is: **Was TikTok created just for fun—or is it a tool for data collection, cultural influence, and even political reach?**

1. Data collection – more than you think
TikTok doesn't just track what you watch. It has access to your camera, microphone, location, usage patterns, and even how you physically interact with the app. This creates a detailed behavioral profile—one of the most valuable digital assets in today's world.

2. Cultural influence by design?
TikTok's algorithm behaves differently across countries. In some regions, it promotes educational or scientific content. In others, light, humorous, or even superficial content dominates. Is this neutral behavior? Or a form of *soft cultural engineering*?

3. A distraction tool—or something more?
TikTok is addictive by design. It steals time in small doses that quickly add up. When billions spend hours scrolling through shallow content, who benefits? Is it just coincidence, or part of a global strategy to distract and disengage?

4. Influence over collective thinking
During certain political events or protests, users noticed related content was suppressed or hidden. That means the platform doesn't just entertain—it **controls what is seen and what is not**.

Algorithmic Fraud: A System Built Not to Pay

TikTok promotes its Creator Fund as a way for creators to earn from their content. But under the surface lies a carefully engineered system designed **not** to pay.

1. The algorithm quietly throttles viral videos
When a video starts gaining traction and shows potential for monetization, TikTok's algorithm may limit its reach. This prevents the video from going fully viral, minimizing payouts.

2. Controlled exposure through "viewer bubbles"
Videos are shown to limited audiences first. Even high-performing content often doesn't break out to the wider network. It appears the system is calibrated to balance

user excitement with payout control.

3. Unclear, shifting RPM (Revenue per 1000 views)
Creators report inconsistent and shockingly low earnings, sometimes as little as $0.01 per 1,000 views. The lack of a transparent metric leaves creators with no real way to audit their earnings.

Chapter 12 – The Science Behind the Scam: What the Data Shows

1. Inverse relation between high views and earnings
Many users report that high view counts don't mean higher earnings—in fact, the more viral a video becomes, the lower the revenue per view tends to be.

2. Algorithm distinguishes between "engagement" and "payout potential"
TikTok promotes content that increases retention time, not necessarily what qualifies for payouts. Monetized content often gets deprioritized or flagged more frequently.

3. Behavior change during withdrawal attempts
Creators report noticeable engagement drops after attempting to withdraw funds, suggesting the system actively detects and suppresses accounts requesting money.

Chapter 14 – The Politics of Payout Avoidance

1. Platform-first economics
TikTok profits heavily from ads and data. Paying creators is seen as a cost—not a necessity. Thus, the system is optimized to **extract more than it gives.**

2. Strategic creator dependence
By giving visibility without income, TikTok keeps creators hooked and constantly working for free, without ever achieving financial independence.

3. Suppressing the digital middle class
TikTok's model discourages the rise of small creators with real earning potential, thus weakening the "digital middle class" and concentrating power at the top.

Chapter 15 (continued): Algorithmic Fraud – Technical and Precise Breakdown

1. Two-Phase Content Distribution System

TikTok uses a two-phase system to distribute content:

- **Phase 1 (Test Pool):** The video is shown to a small, selected group of users. If engagement is strong, it may qualify for the next phase.
- **Phase 2 (Viral Gate):** Before going viral, the video is filtered by revenue potential, content policy, and account history.

In this phase, videos with high monetization potential are often throttled—meaning their natural growth is deliberately slowed.

2. Software-Implemented Shadowban (Behavioral Suppression Layer)

TikTok uses pattern recognition systems to detect:

- Fund withdrawal attempts
- Joining the Creator Fund
- Rapid follower growth

When triggered, the algorithm activates **adaptive shadowban**, which includes:

- Reduced impressions to existing followers
- Removal from the For You page
- Artificial drop in engagement—even if views remain

This soft-censorship keeps content online but practically invisible.

3. Dynamic RPM – A Smart System to Reduce Payouts

TikTok uses a **dynamic Revenue Per 1000 views (RPM)** system, where:

- RPM is not fixed
- It varies based on: content type, user region, click-through rate (CTR), watch time, account trust score

Example:

- An educational video in Europe may earn $0.08 per 1K views
- The same video in the Middle East may earn $0.01 or less

This lets the platform maintain control over payout costs.

4. The False Motivation Cycle – The Trap of Unrewarded Production

The algorithm uses **micro-rewards and psychological triggers** to trap creators:

- One video goes viral → creator is motivated
- The next few videos are throttled

- The creator tries harder to "return to the top"
  → But the viral switch remains algorithm-controlled

Result? **Mass content production, minimal real return.**

Technical Breakdown: Algorithmic Content Restriction

Section 1: Logic Flow – How TikTok Decides to Boost or Bury a Video

```pgsql
CopierModifier
START
  |
  V
Upload New Video
  |
  V
Send to Test Pool (100-1000 viewers)
  |
  +---> Low Engagement? ---------> Suppress
  |
  V
Initial Performance is Positive
  |
  V
Check Revenue Risk
  |
  +---> High Projected Payout? -> Throttle
Exposure
  |
  V
Check Content Policy Violations
  |
  +---> Violation Found? --------> Shadowban
  |
  V
Evaluate Account Trust Score
  |
  +---> Low Trust? --------------> Limit Reach
  |
  V
Controlled Exposure to New Users
  |
  V
Monitor Revenue Pattern
```

```
  |
  +---> Revenue Exceeds Threshold? -> Lower RPM
  |
  V
END
```

Section 2: Pseudocode – Algorithm Behavior in Text Logic

```python
CopierModifier
def evaluate_video(video):
    engagement = get_engagement(video)

    if engagement < threshold:
        return "Suppressed"

    revenue = predict_revenue(video)

    if revenue > max_allowable:
        throttle(video)

    if check_policy_violation(video):
        return shadowban(video)

    if get_account_trust(video.uploader) <
trust_minimum:
        return "Limited Reach"

    if should_boost(video):
        boost(video)

    if revenue > revenue_cap:
        reduce_rpm(video)

    return "Continue Showing"
```

Section 3: Python Simulation Example

```python
```

```
CopierModifier
class TikTokVideo:
    def __init__(self, engagement, trust_score,
is_monetized):
        self.engagement = engagement
        self.trust_score = trust_score
        self.is_monetized = is_monetized
        self.views = 0
        self.status = "Normal"
        self.rpm = 0.05

    def evaluate(self):
        if self.engagement < 0.2:
            self.status = "Suppressed"
        elif self.is_monetized and
self.engagement > 0.6:
            self.status = "Throttled"
            self.views *= 0.3
        elif self.trust_score < 0.5:
            self.status = "Shadowbanned"
            self.views *= 0.2
        else:
            self.status = "Boosted"
            self.views *= random.uniform(1.2,
1.8)

        self.calculate_revenue()

    def calculate_revenue(self):
        if self.status in ["Suppressed",
"Shadowbanned"]:
            self.rpm *= 0.5
        elif self.status == "Throttled":
            self.rpm *= 0.6

        print(f"Final RPM: ${self.rpm:.4f}")
        print(f"Video Status: {self.status}")
```

Time-Series & Revenue Model Analysis

Variables:

- t: time (in days)
- $V(t)$: number of views on day t
- $RPM(t)$: revenue per 1,000 views
- $S(t)$: suppression factor
- $R(t)$: revenue on day t

Formula:

```java
CopierModifier
R(t) = V(t) × RPM(t) × S(t) / 1000
```

Simulation Table:

Day	Views	RPM ($)	Suppression	Revenue
1	10,000	0.05	1.0	$0.50
2	20,000	0.04	1.0	$0.80
3	25,000	0.03	0.7	$0.525
4	15,000	0.02	0.5	$0.15
5	5,000	0.02	0.3	$0.03

Total Revenue: **$2.005** from 75,000 views.

Chapter 16 Extension: TikTok's Hidden Intentions –
A Psychological Experiment or Cultural Weapon?

1. A Global Behavioral Laboratory?

TikTok is more than a social media app. It functions as a **massive behavioral experiment**, analyzing how millions react, engage, and emotionally respond to digital stimuli.

- It doesn't just use an algorithm—it *tests* human behavior through its algorithm.
- It measures user tolerance, addiction levels, response to reward or suppression, and behavioral patterns over time.
- These insights are used not only for monetization but for deeper psychological profiling and influence.

The system seems built not just to entertain or profit— but to monitor, model, and manipulate collective human behavior.

2. Soft Cultural Engineering – Promoting a Particular Mental Framework

What kind of content goes viral on TikTok?

- Fast, shallow, dopamine-driven videos
- Repetitive trends, impulsive challenges, superficial ideals
- Aesthetic and consumerist value systems

This shapes a **new cultural pattern**:
Short attention spans, surface-level thinking, low emotional regulation, and reward addiction.

Is it accidental? Or is it a deliberate design to weaken deeper cognitive and social resilience?

Some analysts believe TikTok is shaping youth not to be more creative—but to be **easier to distract, control, and direct**.

3. Serving Whom?

Owned by **ByteDance**, a Chinese company, TikTok raises significant concerns in the West:

- Could it be a tool for **psychological and cultural data collection** on a global scale?
- Could it be used for **narrative control**, subtle censorship, or even **behavioral influence** during political unrest?

Several governments have publicly warned that TikTok might serve as more than just an entertainment platform—it may be part of a **soft-power strategy**.

Conclusion: TikTok Is Not Harmless – It's a System of Soft Psychological Influence

TikTok appears to be:

- A **behavioral ad engine**,
- Designed to keep users hooked, but also predictable and emotionally steered,
- All under the cover of short-form "fun."

Hidden Truth: Why Creators Are Ignored and Toxic Trends Are Rewarded

1. Artists, Educators, and Thinkers – Invisible by Design

Creators who offer:

- Handmade art
- Educational lessons
- Public knowledge or cultural enrichment

Often find themselves with low reach, suppressed engagement, or algorithmic invisibility. Why?

Because this type of content:

- Requires focus and time
- Encourages critical thinking
- Doesn't fuel the fast-consumption addiction that TikTok thrives on

TikTok doesn't reward depth—it rewards **scrollable dopamine**.

2. Toxic Content Gets Boosted

What does get rewarded?

- Controversy, exaggeration, body-based performance
- Pranks, shock value, impulsivity
- Emotionally triggering or provocative material

This content:

- Increases screen time
- Stimulates quick engagement
- Keeps users addicted and easy to manipulate

So TikTok's algorithm **incentivizes dysfunction over depth.**

3. The Two-Faced Algorithm – One for China, One for the World

There is growing evidence that TikTok operates under **dual algorithms**:

A) In China (Douyin):

- Educational, scientific, and cultural content is prioritized
- Screen time for children is strictly limited
- Harmful trends are banned
- Positive values and discipline are promoted

B) Outside China:

- Trends are often shallow, sexualized, or sensational
- Creative educational content is throttled
- Outrage and distraction are algorithmically encouraged

Why build a clean and empowering algorithm for your own country, while promoting mental noise and cultural erosion elsewhere?

Final Chapter: TikTok – The Smiling Face of Silent Control

Throughout this book, we uncovered the hidden layers of TikTok—a platform that smiles, dances, entertains, and distracts. But beneath its joyful surface lies a well-structured machine of **data extraction, behavioral manipulation, economic injustice, and cultural engineering.**

What seems like harmless fun is, in fact:

- A **human behavior testing ground**
- A **tool for silent censorship and psychological steering**
- A system that **exploits creators while rewarding toxicity**
- And a **dual-algorithm platform**—one that nurtures its own people, and distracts the rest

What Are We Really Dealing With?

- An algorithm that buries real creativity
- A system that devalues education and originality
- A culture that celebrates shallow trends and punishes depth
- A platform that promotes knowledge at home, and distraction abroad

What Can We Do?

- **Awareness is the first step.**
  Understanding why we're ignored, censored, or unpaid empowers us.
- **Keep creating—but don't stay dependent.**
  Platforms rise and fall, but truth and creativity endure.
- **Build digital resistance.**
  Teach the next generation that likes and views don't define their worth.

TikTok Is Not Just an App.

This book was never just about TikTok—it's about a changing world.
One in which we either remain invisible—or reclaim our voice.

We've written, revealed, and exposed.
Now it's your turn to choose:
Stay a consumer—or wake up.

www.ingramcontent.com/pod-product-compliance
Lightning Source LLC
LaVergne TN
LVHW041218050326
832903LV00021B/687